QUESTIONNAIRE

SUR

LE RÉGIME PÉNITENTIAIRE

PRÉSENTÉ PAR

LA COMMISSION JAPONAISE

—

1879

PRÉFACE.

La mémorable révolution qui a brisé, il y a une dizaine d'années, l'aristocratie féodale sous le poids de laquelle était immobilisé le Japon et rendu à l'autorité Impériale toute son initiative et toute sa liberté d'action, a marqué pour la nation Japonaise une ère nouvelle. L'Empire, jusqu'alors isolé et fermé aux nations étrangères, s'est ouvert; les navires de commerce ont été admis dans nos ports; des relations diplomatiques ont été établies avec les nations européennes; nous avons demandé aux peuples qui marchent à la tête de la civilisation les secrets de leurs arts et de leurs industries; nous recevons leurs maîtres; nous venons nous instruire aux sources mêmes de leurs sciences.

Déjà cette activité généreuse d'un peuple tout entier qui s'élance avec ardeur vers les régions de la lumière a produit d'importants résultats ; déjà la vapeur rapproche les distances et multiplie les échanges; des usines s'élèvent, les chantiers s'enrichissent et l'instruction va répandre ses bienfaits jusque dans les plus humbles hameaux. Naguère, enfin, dans les solennelles assises où tous les peuples civilisés étalaient aux yeux éblouis les merveilles de leurs arts et de leurs industries, le Japon a montré que, s'il restait fidèle à ses anciennes traditions nationales, il n'était pas indigne de marcher dans la voie que lui traçaient les peuples ses aînés.

Le gouvernement impérial, qui a donné l'impulsion à une nation avide de progrès, a compris qu'il devait seconder de tout son pouvoir un élan dont les conséquences doivent être si fécondes. A une administration vieillie et où tout semblait calculé pour immobiliser à jamais dans la routine et l'apathie les forces vives d'un pays tout entier, il substitue un régime adminis- tratif tout nouveau ; il comprend et s'ef- force de faire comprendre à la nation Ja- ponaise que les conditions essentielles de tout progrès matériel, intellectuel et moral sont le régime de la liberté sous l'autorité des lois.

Au premier rang des devoirs qui s'im- posent à un gouvernement jaloux de four- nir à la nation les garanties sans lesquelles toute vie sociale est impossible, se plaçait l'obligation étroite d'assurer à la fois la sécurité des personnes et des biens et le respect de la liberté individuelle.

C'est dans cette pensée qu'a été orga- nisée l'administration de la police, à la tête de laquelle est placé le Préfet de Po- lice. Les attributions de ce magistrat sont importantes et vastes. Il a pour mission d'assurer la sécurité publique et de pré- parer la répression des délits dans toute l'étendue du territoire de l'empire : en un mot, il est le chef suprême de la police préventive et répressive. A ce titre, tout ce qui concerne l'administration des prisons rentre dans ses attributions.

Dans cette partie si importante de l'administration intérieure, tout était à faire ; l'organisation des prisons présentait, au point de vue du régime, de la salubrité et de la moralité, une déplorable insuffisance.

En l'absence de tout principe déterminant le caractère et le but de la répression, de tout système rationnel, proportionnant la rigueur du châtiment à la gravité de l'infraction, cherchant, par l'amélioration du coupable, à prévenir la répétition des délits et à obtenir la réhabilitation morale de ceux qui ont failli, tout était laissé au hasard et à l'arbitraire. Dans un tel état de choses, rien n'était à conserver, il fallait faire table rase et remplacer ce qui existait par quelque chose de nouveau.

En présence d'un pareil problème qui

tient de si près à la vie civile d'une nation, devions-nous construire de toutes pièces un édifice nouveau pour remplacer ce que nous ne pouvions conserver? Agir de la sorte eût sans doute été téméraire ; c'eût été s'exposer à de funestes expériences ou tout au moins à d'imprudents tâtonnements. Il était plus sage d'interroger, sur ce point, les nations mieux organisées que nous, qui, depuis longtemps étudient ces importantes questions, d'observer les solutions auxquelles elles se sont arrêtées, de nous rendre compte des résultats qu'elles ont obtenus et de nous décider enfin après avoir contrôlé par les données de l'expérience les principes posés par la science.

Pour résoudre cette grave question de l'organisation complète d'un système pénitentiaire au Japon, le Gouvernement Impérial n'avait qu'à suivre les errements qui l'ont, jusqu'à présent, guidé. Déjà les ministères de l'Intérieur, de la Justice, des Finances, de la Guerre, de la Marine et de l'Agriculture ont envoyé des commissions en Europe pour y étudier sur place les principales institutions qui font la force et la grandeur des nations Occidentales.

C'est en obéissant à cette pensée de progrés et d'humanité que le Gouvernement Impérial a confié au Préfet de police lui-même la mission spéciale d'aller étudier l'organisation des prisons dans les diverses nations de l'Europe et aux Etats-Unis d'Amérique.

Nous sommes fier de la mission dont le gouvernement de Sa Majesté Impériale a daigné nous honorer et nous mettrons notre orgueil à nous rendre digne de sa confiance. Dans ce but nous venons, sans crainte d'être repoussé, nous adresser aux administrations des divers pays que nous avons pour tâche de parcourir et d'étudier. Nous leur serons reconnaissant de nous ouvrir, pour faciliter nos études, les portes de leurs établissements pénitentiaires, de nous permettre d'observer et de voir fonctionner le mécanisme de leur organisation, de répondre enfin aux questions que

nous avons dû préparer systématique-
ment pour guider nos travaux. Heureux si
nous pouvons, grâce à leur bienveillant
concours, doter notre pays d'un système
d'établissements organisés de façon à sau-
vegarder à la fois les droits de la société et
ceux de l'humanité.

Le Préfet de Police,
KAWASI.

QUESTIONNAIRE

SUR

LE RÉGIME PÉNITENTIAIRE

I. DES ÉTABLISSEMENTS PÉNITENTIAIRES.

1. Les diverses espèces d'établisse-ments pénitentiaires correspondent-elles à l'échelle des peines qui entraînent la privation de la liberté? — Quelles sont les diverses catégories de ces établissements et quel est le nombre de chacun d'eux?

2. Y a-t-il une loi organique sur le régime pénitentiaire? — Est-il, au contraire, réglé par l'administration et dans quelle forme?

3. Le système cellulaire est-il seul ap
pliqué? — Est-il combiné avec le système
en commun sous la loi du silence ou tout
autre système ? — Dans ce dernier cas, à
quelles catégories de détenus s'appliquent
ces divers régimes ?

4. Le système cellulaire consiste-t-il dans
un isolement complet ou comporte-t-il le
travail en commun pendant le jour sous la
loi de silence et l'isolement pendant la
nuit?

5. Dans les maisons où l'on applique le
système en commun, les détenus sont-ils
répartis dans leurs quartiers suivant la
gravité des peines ou la nature des délits?
— Dans ce dernier cas, quel est le mode
de répartition?

6. Lequel de ces deux systèmes est jugé
préférable en théorie? — Cette préférence
est-elle justifiée par l'expérience? — Quelles
sont les raisons théoriques ou pratiques
sur lesquelles se fonde cette préférence?

7. Quel est, dans chaque système, l'es-
pace minimum qui doit être affecté à cha-

que détenu, tant en mètres cubes pour l'habitation, qu'en surface pour les préaux et les services divers ?

8. **Y** a-t-il des règles ou des usages administratifs qui déterminent le chiffre maximum des détenus que peuvent, dans chaque système, contenir les établissements pénitentiaires?

9. Quelles sont les espèces de détenus qui sont admis dans les prisons de la capitale?

10. Y a-t-il des maisons de détention établies spécialement pour les détenus militaires ou marins ?

11. Les jeunes détenus et les femmes subissent-ils leur peine dans des maisons spéciales ou dans les mêmes maisons que les hommes, mais dans des quartiers séparés?

II. DES AUTORITÉS ADMINISTRATIVES DESQUELLES RELÈVENT LES PRISONS ET DE LA SURVEILLANCE.

12. **A** quel ministère appartient la direc-

tion générale des prisons civiles? — Cette direction forme-t-elle une division spéciale du ministère, et quelles en sont les attributions?

13. L'administration directe des prisons est-elle confiée aux Préfets dans les Départements, et au Préfet de Police dans la capitale? — Quelles sont alors leurs attributions? — Quels sont leurs rapports avec la direction générale?

14. A quel ministère ressortent la direction et l'administration des prisons situées dans les colonies et des prisons des détenus militaires ou marins?

15. Le ministère dans les attributions duquel sont les prisons civiles reste-t-il absolument étranger à l'administration des prisons des colonies et des militaires ou des marins?

16. Quel est le mode de surveillance établi pour prévenir les abus dans les prisons? — Existe-t-il un conseil de surveillance permanent, et quel est le mode d'action? — Y a-t-il des inspections spéciales? — Com-

ment sont nommés les inspecteurs, et quelles sont leurs attributions ?

17. Y-a-t-il un conseil périodique chargé d'examiner les questions concernant les améliorations ou les réformes à introduire dans les prisons ? — De quels éléments est composé ce conseil ? — Par qui est-il présidé ? — Quelles sont ses attributions ? — Quel est l'effet de ses décisions ?

III. DU PERSONNEL ADMINISTRATIF DES PRISONS.

18. Quel est le personnel administratif des prisons et quelles sont les attributions des divers fonctionnaires ?

19. A qui appartient la nomination des directeurs ? — Quelles sont les conditions de capacité et les qualités qu'ils doivent réunir ?

20. Y a-t-il, dans chaque prison, un greffier, officier public ? — Par qui est-il

nommé? — Quelles sont les conditions de capacité ?

21. Le personnel des prisons comporte-t-il des différences de classes et de traitements ?

22. Ces différences de classes et de traitements se rencontrent-elles dans les prisons de la même catégorie ou seulement dans les prisons de catégories différentes?

23. Quelle est la durée de fonctions du personnel? — Quel est le mode d'avancement? — A quelle règle est soumise l'augmentation des traitements ?

24. Les dispositions législatives ou administratives qui règlent la retraite des fonctionnaires civils s'appliquent-elles au personnel des prisons ?

25. Y a-t-il des gratifications annuelles accordées, en dehors du traitement, aux membres du personnel qui se distinguent par leur zèle dans leurs fonctions?

26. Le directeur d'une prison est-il obligé de verser un cautionnement pour garantie de sa gestion?

27. A qui appartient la nomination des gardiens et quelles sont les conditions de capacité ?

28. Quels sont les devoirs et les fonctions des gardiens ?

29. Le nombre des gardiens est-il proportionné à la population pénitentiaire des prisons ? — En cas d'affirmative, quelle est cette proportion ?

30. Comment les gardiens sont-ils répartis dans l'intérieur des prisons ? Quelle est la durée de leur service pendant le jour et pendant la nuit ?

IV. DE L'ENTRÉE DES DÉTENUS.

31. Quelles sont les formalités qui doivent être remplies à l'entrée des détenus, prévenus ou condamnés dans les établissements pénitentiaires ?

32. Quel est le fonctionnaire chargé de tenir le registre d'écrou ?

33. Que doit contenir l'écrou ? — Doit-il

2

indiquer l'ordre en vertu duquel est opérée la détention (mandat, jugement, etc.).

34. Doit-il être accompagné du signalement?

35. La photographie des détenus est-elle jointe au registre d'écrou? — Quelles sont les catégories de détenus dont on conserve la photographie? — Comment prend-on la photographie des détenus en cas de refus de leur part?

36. Existe-t-il, dons toutes les prisons, des registres à fiches mobiles permettant de connaître à chaque instant la totalité des détenus présents?

37. Le condamné, à son entrée, est-il soumis immédiatement au travail, ou est-il laissé à lui-même pendant les premiers jours? — Et pendant combien de temps?

38. Le directeur d'une prison a-t-il le droit de se refuser à opérer un écrou lorsqu'il juge que les pièces qui lui sont transmises sont irrégulières, ou doit-il passer outre et procéder à l'écrou, sauf à aviser ensuite l'autorité compétente?

V. DU RÉGIME INTÉRIEUR.

39. Le régime intérieur est-il, dans ses dispositions essentielles, défini par la loi? — Est-il, au contraire, réglé par l'administration?

40. La discipline intérieure des prisons repose-t-elle sur le principe de l'intimidation? — Est-elle, au contraire, fondée sur l'idée de la réhabilitation du condamné? — Repose-t-elle à la fois sur la combinaison de ces deux principes? — Quels sont les moyens jugés les plus efficaces pour faciliter la réhabilitation? — Instruction? — Enseignement religieux et moral? — Adoucissement graduel du régime de la prison? — Liberté anticipée mais non définitive?

41. Les condamnés à des peines de courte durée (par exemple, de 1 à 15 jours) sont-ils, comme les autres, soumis au régime pénitentiaire? — Sont-ils, au contraire, soumis

à un régime qui n'a pour but que la répression et l'intimidation?

42. Quelles sont les dispositions géné-
rales des règlements intérieurs des prisons?

43. Quelles sont les dispositions du règlement affichées à la vue des détenus?

44. Les lois nouvelles ou décrets nou-
veaux concernant les intérêts généraux de
la nation sont-ils portés à la connaissance
des détenus?

45. L'introduction des journaux ou autres publications périodiques dans les prisons est-elle autorisée? — Les détenus peuvent-ils lire des livres autres que ceux qui
sont mis à leur disposition par l'administration?

46. Y a-t-il une réduction de peine en
faveur des détenus qui sont condamnés au
régime cellulaire? — Comment est déterminée cette réduction?

47. Quelles sont les heures du lever, du
travail, du repas, de la récréation, du repos, etc.?

VI. DE L'ENSEIGNEMENT RELIGIEUX ET DE L'INSTRUCTION.

48. De quelle manière les devoirs religieux sont-ils pratiqués par les détenus?

49. Y a-t-il des ministres de la religion attachés aux prisons et salariés par l'administration? — Quelles sont leurs fonctions religieuses?

50. Les cérémonies du culte national sont-elles célébrées dans l'intérieur des prisons? — En est-il de même des cérémonies des cultes dissidents?

51. Les ministres des cultes dissidents peuvent-ils être admis à porter à leurs coreligionnaires les secours de la religion?

52. A quelles formalités et à quel contrôle sont soumises les communications des ministres de la religion avec les détenus?

53. Les ministres de la religion peuvent-

ils se livrer à la propagande religieuse dans l'intérieur des prisons?

54. N'entre-t-il pas dans les attributions du directeur de travailler à l'amélioration morale des détenus? — Quels sont les moyens qu'il doit employer pour atteindre ce but?

55. Y a-t-il une bibliothèque dans chaque prison? — Quels sont les livres qui peuvent figurer sur les catalogues de ces bibliothèques? — Par quelle autorité ces catalogues sont-ils fixés? — Comment est réglée la distribution des livres aux détenus?

56. Y a-t-il une école dans chaque prison? — Quelle en est l'organisation? — Quels sont les programmes de l'instruction?

57. Les professeurs sont-ils choisis parmi les détenus ou sont-ils appelés du dehors?— Dans ce dernier cas sont-ils laïques ou congréganistes?

58. Quel est le chiffre des détenus qui fréquentent les écoles? — Quels résultats

donne la statistique au point de vue des progrès réalisés ?

59. Quel est l'état comparé de l'instruction des détenus au moment de leur entrée et à leur sortie des prisons ?

VII. DES COMMUNICATIONS DES DÉTENUS AVEC LE DEHORS.

60. Les communications par écrit des détenus avec le dehors sont-elles absolument interdites ? — Sont-elles, au contraire autorisées sous le contrôle de l'administration et sous cette condition que toutes les lettres envoyées par les détenus ou reçues par eux, seront lues au greffe ?

61. Les lettres adressées aux autorités administratives ou judiciaires sont-elles soumises au même contrôle ?

62. Certains détenus peuvent-ils dans des circonstances exceptionnelles être affranchis de ce contrôle ? — Quelle est l'autorité qui peut accorder cette dispense ?

63. Les détenus sont-ils autorisés d'une manière générale ou par mesure exceptionnelle à recevoir du dehors de l'argent ou certains objets tels qu'aliments, linge, vêtements, etc? Dans ce cas, à quel contrôle et à quelle surveillance sont soumis ces envois?

64. S'il s'agit d'aliments, sont-ils soumis à l'examen du médecin?

65. Les détenus peuvent–ils recevoir des visites du dehors?—Par quelle autorité est délivrée cette autorisation et quelles sont les formalités à remplir pour l'obtenir?

66. Quelles personnes peuvent être autorisées à les visiter? — Cette autorisation est-elle temporaire ou permanente?

67. Les gardiens ou employés de la prison peuvent-ils faire des commissions au dehors pour les détenus?

68. Les détenus peuvent-ils être autorisés à sortir sous escorte pour rendre à leurs parents les derniers devoirs? — Cette autorisation peut-elle leur être accordée pour contracter un mariage?

69. Les condamnés à mort sont-ils autorisés à recevoir les visites de leurs parents ?

70. L'expérience a-t-elle démontré que les communications avec l'extérieur ou les visites reçues par les détenus peuvent être un moyen efficace d'amélioration ?

VIII. DU TRAVAIL ET DU PÉCULE.

71. Le travail est-il imposé aux détenus à titre de peine ou comme moyen de réhabilitation ? — Est-il obligatoire pour tous les détenus, prévenus ou condamnés ou seulement pour les condamnés?

72. A quelles sortes de travaux peuvent être employés les détenus? Travaux d'écriture? — Ouvrages industriels? — Exploitation de mines? — Travaux agricoles ?

73. La différence des travaux auxquels sont employés les détenus est-elle déterminée par la différence des peines qu'ils subissent?

74. Comment est organisé le travail des détenus? — Le système de régie est-il seul appliqué? — Est-il combiné avec le système de l'entreprise? — Lequel de ces deux systèmes est jugé préférable? — Quelles sont en théorie et en pratique les raisons de cette préférence?

75. A quelles obligations sont soumis les entrepreneurs?

76. Dans la distribution du travail aux détenus tient-on compte de leur profession antérieure? — Comment procède-t-on à l'égard des détenus qui ne savent aucun métier industriel ou dont la profession ne trouve pas d'application dans les prisons? — Quel est le procédé de l'apprentissage?

77. Le produit du travail des détenus est-il versé intégralement dans la caisse de l'Etat pour pourvoir aux dépenses des prisons? — Au contraire, une partie de ce produit est-elle abandonnée aux détenus?

78. Dans ce dernier cas, quel est le quantum abandonné pour servir de pécule?

79. Ce pécule se divise-t-il en pécule dis-

ponible et en pécule réservé ? — Quelle est la proportion de chacun de ces deux pécules ?

80. Le pécule réservé peut-il être affecté à la réparation des dégradations causées par le détenu par négligence ou mauvais vouloir ? — Peut-il également être grevé d'amendes infligées au détenu à titre de punition ?

81. Le pécule réservé est-il placé dans une caisse publique pour y devenir productif d'intérêt au profit des détenus ?

82. Dans quel cas les détenus peuvent-ils avoir la disposition de tout ou partie de leur pécule réservé ?

83. Comment se fixe le salaire d'un détenu ?

84. Quelle est la proportion du salaire des détenus avec le salaire des ouvriers libres ?

85. Les détenus ont-ils droit au salaire dès leur entrée dans la prison, lorsqu'ils sont mis sur le champ au travail ?

86. Les apprentis ont-ils, pendant leur

apprentissage, droit au salaire ? — Comment et par qui sont déterminées les conditions et la durée de l'apprentissage?

87. Y a-t-il une différence de salaire selon que les détenus sont ou non récidivistes, ou qu'ils sont condamnés pour crime ou pour délit ?

88. Le détenu peut-il, en cas d'infraction aux règlements, être privé de tout ou d'une partie de son salaire à titre de punition ? — En sens inverse, y a-t-il une augmentation de salaire à titre de récompense ?

89. Pendant combien d'heures les détenus sont-ils soumis au travail obligatoire ?

90. Est-il permis aux détenus de travailler en dehors des heures réglementaires? — Dans ce cas, le produit de ce travail leur est-il abandonné en totalité? — Est-il, au contraire, régi par les mêmes règles que le salaire ordinaire ?

91. Quels sont les jours de repos?

92. Accorde-t-on un repos exceptionnel aux détenus qui sont frappés par un deuil de famille ?

93. Si un détenu est tué ou devient infirme par suite de son travail, une gratification spéciale est elle accordée par l'administration à la famille du détenu ou au détenu lui même à l'expiration de sa peine?

94. Quel est, du travail en commun ou du travail isolé, celui qui, d'après l'expérience, est reconnu fournir les meilleurs résultats au point de vue de la quantité et de l'excellence des produits obtenus?

95. Les industries des prisons ne font-elles pas concurrence aux industries libres? Quels sont, au point de vue statistique et économique, les résultats de cette concurrence?

IX. DES RÉCOMPENSES.

96. Quelles sont les diverses espèces de récompenses accordées à la bonne conduite, à l'application, au zèle et aux progrès dans le travail et l'instruction?

97. A quelles conditions s'obtiennent la

grâce, la commutation ou la réduction de peine?

98. La grâce, la commutation ou la réduction de peine peuvent-elles être accordées aux détenus dès le début ou seulement après un certain délai de détention?

98 *bis*. Quelle est la marche à suivre pour obtenir la grâce, la commutation ou la réduction de peine?

99. **Y** a-t-il une récompense spéciale accordée aux détenus qui ont sauvé, dans les prisons, la vie à quelqu'un de leurs camarades ou à toute autre personne, qui se sont distingués en cas de force majeure, ou qui ont dénoncé à l'autorité un complot ou une tentative d'évasion?

100. Tout détenu qui, par sa bonne conduite, peut servir d'exemple aux autres, peut-il être, à titre de récompense, employé comme auxiliaire des agents administratifs des prisons?

101. **Y** a-t-il une gratification pécuniaire ou une augmentation de nourriture accordée à titre de récompense aux détenus qui

se font remarquer par leur bonne conduite?

X. DES PUNITIONS.

102. Quelles sont les diverses sortes de
punitions infligées aux détenus qui com-
mettent une infraction aux règlements intérieurs des prisons?

103. Par qui la punition est-elle prononcée? — Quelle est la procédure à suivre? — Le directeur de prison a-t-il un
pouvoir discrétionnaire à cet égard? —
Quelles sont les limites de ce pouvoir? —
Quelle est l'autorité supérieure à laquelle
il doit s'adresser au-delà de ces limites?

104. Au cas de délit ou de crime commis
dans l'intérieur des prisons, quelle est la
procédure à suivre? — Les détenus cou-
pables subissent-ils leur détention préventive dans les mêmes prisons ou sont-ils
transférés dans une maison d'arrêt?

105. Si un nouveau délit ou crime se

produit dans une localité où il n'existe pas de tribunaux de droit commun, comme dans les colonies, quelle sera alors la procédure à suivre?

XI. DE L'ÉVASION.

106. Quelles sont les mesures de surveillance prescrites tant à l'intérieur qu'à l'extérieur des prisons pour prévenir l'évasion des détenus?

107. La garde extérieure des prisons est-elle fournie par l'armée active? — Quel est le nombre des hommes commandés pour occuper ce poste? — Par qui sont-ils commandés et quelles sont leurs consignes? — Comment sont distribués les factionnaires et quelle est la durée de chaque faction! — A quels intervalles et à quelles heures sont relevés les postes? — Le service de nuit est-il le même que celui de jour? — En cas de trouble ou de mouvement populaire, comment et sur quelle

initiative est-il pourvu à la sécurité des prisons ?

108. Au cas d'évasion, la recherche du détenu évadé et l'instruction de l'affaire sont-elles faites par l'autorité administrative ou en est-il référé à l'autorité judiciaire ?

109. La tentative d'évasion est-elle punie par le réglement intérieur ? — Quelle est cette punition ?

110. Quelle est la peine prononcée en cas d'évasion consommée ? — Cette peine diffère-t-elle suivant que les évadés sont prévenus ou condamnés, condamnés à des peines temporaires ou à des peines perpétuelles ; suivant que l'évasion a été précédée de complot ou a été exécutée avec violence ?

111. Quelle est la peine infligée en cas de récidive d'évasion ?

112. De quelle diminution de peine sont l'objet ceux qui, après s'être évadés, reviennent d'eux-mêmes pour se constituer prisonniers ?

113. Quel est en moyenne le chiffre des évasions ou tentatives d'évasion ?

114. En cas d'évasion par suite de négligence des gardiens, quelle est la punition de ces derniers ?

115. Quelles sont les mesures de précaution prescrites pour opérer, en cas d'événement de force majeure, comme l'incendie, l'inondation, l'épidémie, etc., l'évacuation des détenus ?

116. En cas d'évasion des jeunes détenus par voie de correction paternelle et des indigents internés par voie administrative au dépôt de mendicité, suit-on pour la recherche des évadés et pour l'instruction de l'affaire les mêmes règles que pour les détenus ordinaires ?

XII. DE LA POPULATION PÉNITENTIAIRE.

117. Quel est actuellement le chiffre des prisonniers des différents établissements

pénitentiaires? — prévenus? — condamnés? — hommes et femmes?

118. Quel est le nombre des condamnés à une peine perpétuelle? — des condamnés à une peine au-dessus de 10 ans, de 5 ans et au-dessous?

119. Quelle est la proportion des condamnés avec la population du pays?

120. Quelle est celle des condamnés qui subissent leur peine dans les prisons de la capitale avec la population de cette dernière?

121. Quelle est la proportion des récidivistes sur la population générale des prisons?

122. Quels sont les délits ou les crimes les plus fréquemment commis?

XIII. DE L'ÉTAT SANITAIRE DES DÉTENUS.

123. Quelles sont les mesures prescrites pour assurer la salubrité des prisons? — Ventilation? — Ecoulement des eaux et

des matières insalubres? — Chauffage? — Eclairage? — Promenades? — Bains, etc.?

124. Quelle est la quantité journalière d'aliments pour un détenu? — La ration est-elle plus forte le dimanche que les autres jours?

125. L'uniforme de la prison est-il obligatoire pour les condamnés? — Les prévenus en sont-ils dispensés?

126. Quelles mesures de propreté et de désinfection des effets sont prescrites à l'égard des détenus au moment de leur entrée dans les prisons?

127. Quelles sont les règles relatives à la durée des vêtements et au changement du linge?

128. Quelle est la mesure prescrite à l'égard des détenus malades? — Sont-ils soignés à l'infirmerie de la prison ou transportés dans les hôpitaux ordinaires?

129. Dans le premier cas, quel est, au point de vue du traitement des malades, du régime des convalescents et des mesures de surveillance, l'organisation de l'infir-

merie? Dans le second cas, quelles précautions sont prises pour prévenir toute évasion?

130. Les détenus malades peuvent-ils, dans certains cas, être rendus à leurs parents? — En cas d'affirmative, y a-t-il ou non un cautionnement?

131. Quelles sont les dispositions à prendre pour les détenus frappés d'aliénation mentale, de maladie incurable ou d'infirmité résultant d'une cause accidentelle ou de vieillesse? — Existe-t-il des asiles pénitentiaires destinés à recevoir les condamnés de cette catégorie?

132. Comment procède-t-on envers ces condamnés à l'expiration de leur peine?

133. Le placement des condamnés malades dans les asiles pénitentiaires ou dans les hôpitaux ordinaires, ainsi que dans leur propre famille suspend-il la durée de la peine?

134. Quelle est la proportion des malades avec la population entière des prisons?

135. Quelles sont les maladies les plus

fréquentes dans les prisons? — Quelles en sont les causes?

136. Quel est en moyenne le nombre des détenus aliénés? — Quelle part peut-on faire à cet égard à l'influence du système cellulaire comparé au système en commun?

137. Quel est le réglement pour les prévenus devenus aliénés au cours de l'instruction?

138. Quel est en moyenne le chiffre des décès dans les prisons?

139. Comment se constatent les décès des détenus morts dans les prisons? — Y a-t-il une constatation médicale?— Comment et par qui y est-il procédé? — Comment et par qui sont dressés les actes de décès?

XIV. DE LA LIBÉRATION.

140. Le système de la libération anticipée mais non définitive ou toute autre analogue existe-t-il à titre d'encouragement pour servir à l'amélioration des détenus?

141. Quel est le mode de fonctionnement de ce système? A quelles conditions est soumise la libération anticipée? — Comment s'exerce la surveillance sur les libérés par anticipation? Comment se perd le bénéfice de cette libération? — Quelle est, au point de vue de ses biens et de l'exercice de ses droits civils, la situation du détenu libéré par anticipation?

142. Quelles sont les formalités à remplir pour procéder à la libération des detenus à l'expiration de leur peine?

143. La libération s'opère-t-elle de plein droit et le directeur est-il tenu d'opérer la radiation d'écrou à l'expiration de la peine? — La radiation d'écrou doit-elle au contraire être requise et par quelle autorité?

144. Si le jour de l'expiration de la peine est un jour férié, la libération aura-t-elle lieu la veille ou le lendemain?

145. Les frais de voyage des libérés au lieu de leur destination sont-ils supportés par leur pécule ou par l'administration?

146. Quelle est, en moyenne, la somme

qu'un détenu obtient à sa sortie des prisons sur le pécule réservé ?

147. En quoi consiste la surveillance de la haute police ? — Dans quels cas les libérés y sont-ils soumis ? — Est-elle toujours une mesure judiciaire ou peut-elle n'avoir qu'un caractère administratif ? — Quelle peut être la durée de cette surveillance ? — Comment s'exerce cette surveillance et par quelle autorité ? — Quelles sont les peines encourues en cas de rupture de banc ?

148. Quels sont les résultats statistiques de l'amélioration des détenus par suite de leur séjour dans les prisons ? — Quelle est pour une période déterminée la proportion des récidivistes avec le chiffre total des libérés ?

149. Existe-t-il des sociétés de patronage pour les libérés ? — Ont-elles un caractère public ou seulement privé ? — Quel est le nombre de ces établissements ?

150. Quels sont leur organisation, leur but, leurs ressources, leur moyen d'ac-

tion ? — Quels résultats ont-elles jusqu'ici donnés ?

XV. DE LA DURÉE ET DU POINT DE DÉPART DE LA PEINE.

151. Le temps de la prison préventive vient-il en déduction de la durée de la peine ? — Cette durée commence-t-elle, au contraire, à dater du jour du jugement ?

152. Le détenu doit-il, à l'expiration de sa peine, un nombre de jours égal à ceux pendant lesquels il n'a pas travaillé pour cause de congé, maladie ou autrement ?

153. Comment se calcule la durée de la condamnation ? — La condamnation à certains jours de prison se calcule-t elle par période de 24 heures ou d'après le jour de la semaine ? — La condamnation à un certain nombre de mois de prison se calcule-t-elle par période de 30 jours ou de quantième à quantième ? La condamnation à un certain nombre d'années de prison se

calcule-t-elle par période de 365 jours ou de quantième à quantième ? — Le jour de la condamnation et le jour de la libération sont-ils compris dans la durée de la peine ?

XVI. DES MAISONS D'ARRÊT OU DE PRÉVENTION.

154. Les individus soumis à la détentioa préventive la subissent-ils dans des prisons spéciales ou dans des prisons répressives mais dans des quartiers séparés ?

155. Le régime cellulaire est-il seul appliqué aux détenus en état de prévention ?

156. Quelles sont les précautions prescrites pour empêcher les communications avec l'extérieur ? — Peuvent-ils communiquer au dehors par lettres et sous quelles conditions ?

157. En quoi consiste le secret auquel les prévenus peuvent être soumis dans certains cas exceptionnels ?

158. Comment s'effectue le transport des

prévenus au lieu où ils doivent être inter-
rogés par le magistrat instructeur?

— A qui est confiée leur garde pendant
leur absence de la prison?

159. Dans quelles conditions et sous
quelles garanties de surveillance s'opère
le transport des prévenus dans les circonstances exceptionnelles telles que confron-
tation, descente sur les lieux, etc.?

160. Quelles autorités ont le droit d'or-
donner l'extraction des prévenus?

XVII. DES PRISONS DE FEMMES.

161. Les femmes détenues subissent-elles
leur peine dans des maisons spéciales ou
dans les mêmes maisons que les hommes,
mais dans des quartiers séparés?

162. Existe-t-il des maisons spéciales
pour les diverses catégories de femmes condamnées? — Les femmes condamnées à des
peines de catégories différentes sont-elles
au contraire réunies dans les mêmes éta-

blissements mais dans des quartiers séparés?

163. Existe-t-il des maisons de détention particulières pour les femmes qui sont
détenues par mesure administrative? —
Sont-elles, au contraire, renfermées dans
les mêmes établissements que les femmes
détenues de droit commun, mais dans des
quartiers séparés ?

164. Les prostituées, quand elles sont
condamnées pour délits de droit commun,
sont-elles réunies aux autres condamnées
ou tenues dans des quartiers séparés?

165. Le régime intérieur des prisons de
femmes est-il le même que celui des prisons d'hommes? — Dans le cas contraire,
quelles sont les différences?

166. Les femmes condamnées aux travaux forcés sont-elles transportées ou subissent-elles leur peine dans les prisons
continentales?

167. Quel est le chiffre de la population
des prisons de femmes? — Combien sont
condamnées à moins de 5 ans? — Combien

de 5 à 10 ans? — Combien à plus de 10 ans?

168. Quelle est la proportion des femmes détenues avec les hommes détenus ?

169. Quelles sont les infractions commises le plus habituellement par les femmes?

170. Comment s'exerce et à qui est confiée la surveillance des prisons des femmes?

171. Les surveillantes sont-elles laïques ou appartiennent-elles à des ordres religieux ?

172. Comment est organisé le service de l'infirmerie ?

173. Quelle est, dans les prisons de femmes, l'étendue des pouvoirs des directeurs au point de vue de la discipline et de la surveillance ?

174. Quelles sont les prescriptions relatives aux détenues enceintes ?

175. Quelles sont les prescriptions relatives aux enfants nés dans les prisons ou que leurs mères ont été autorisées à conserver avec elles ?

XVIII. DES ÉTABLISSEMENTS PÉNITEN- TIAIRES DES JEUNES DÉTENUS.

176. Y a-t-il des établissements particuliers pour les jeunes détenus ou restent-ils dans les mêmes prisons que les adultes mais dans des quartiers séparés ?

177. Quelle est l'organisation de ces établissements au point de vue du régime intérieur, de la surveillance, de la distribution du temps et de la nourriture ?

178. Quelle instruction est donnée aux jeunes détenus ? Cette instruction est-elle primaire et professionnelle ou exclusivement professionnelle ?

179. Quels sont les programmes de l'instruction donnée aux jeunes détenus ? — Par qui ces programmes sont-ils rédigés ?

180. Par qui est donnée l'instruction ? — Par qui sont choisis les maîtres et quelles conditions de capacité doivent-ils réunir ?

181. Comment et par qui est donnée l'instruction religieuse ?

182. Comment est organisé le travail des jeunes détenus ? — Les jeunes détenus peuvent-ils avoir un pécule ? — Comment est calculé ce pécule et à qui est-il remis au moment de la sortie de prison ?

183. Les jeunes détenus que l'autorité judiciaire a placés en correction jusqu'à leur majorité sont-ils confondus avec les jeunes détenus par suite de condamnation ou sont-ils enfermés dans des quartiers ou dans des établissements séparés ?

184. Existe-t-il des établissements privés pour les jeunes détenus ? — Quelle en est l'organisation ? — Comment s'exercent sur ces établissements la surveillance et le contrôle de l'administration ?

185. Existe-t-il des colonies pénitentiaires agricoles soit publiques soit privées ? Quelle en est l'organisation ? A quel régime y sont soumis les jeunes détenus ? — Comment s'exercent sur ceux de ces établissements qui sont dûs à l'initiative privée, la

surveillance et le contrôle de l'administration ?

186. Quelles sont les prescriptions établies au sujet des mineurs détenus par voie
de correction paternelle ?

187. Quelle est la procédure à l'égard
des jeunes détenus par voie de correction
paternelle ?

188. Quelle est la durée de l'emprisonnement qui peut leur être infligé ? — Les
personnes qui ont requis la détention des
mineurs peuvent-elles, à leur gré, abréger
cette détention ou la renouveler sans for-
malité judiciaire à son expiration ?

189. A quelles conditions et à quelles
garanties est soumis l'exercice du droit de
correction sur les mineurs ?

190. Les frais de détention des mineurs
sont-ils supportés par les parents ou restent-ils à la charge de l'administration ? —
L'administration n'en reste-t-elle chargée
que lorsque les parents sont dans un état
d'indigence constaté ? — Dans le cas où les
frais sont à la charge de la famille, à quel

taux sont-ils fixés pour chaque jour de détention?

191. Existe-t-il des sociétés de patronage
pour les jeunes détenus? — Ont-elles un
caractère public ou simplement privé?

192. Quels sont leur organisation, leur
but, leurs ressources, leurs moyens d'action?

193. Quels résultats ont-elles jusqu'ici
donnés?

194. Quel est le nombre des établissements pénitentiaires et des sociétés de patronage des jeunes détenus?

XIX. DE LA CONTRAINTE PAR CORPS.

195. La contrainte par corps est-elle
admise en matière de dettes civiles?

196. Les détenus pour dettes sont-ils
renfermés dans les mêmes prisons que les
détenus de droit commun ou dans des
maisons spéciales?

197. Quelle est, au point de vue du

régime intérieur et de la surveillance, l'organisation des prisons pour dettes?

198. Quel est le chiffre des consignations que doivent verser les créanciers pour subvenir à l'entretien de leurs débiteurs détenus? — Cette somme est-elle affectée en totalité aux besoins des détenus ou en est-il prélevé une partie destinée à diminuer les frais de l'administration?

199. Les faillis non excusables et dont le tribunal qui a déclaré la faillite ordonne le dépôt dans une maison d'arrêt, sont-ils assimilés aux détenus de droit commun ou aux détenus pour dettes?

200. Comment s'exerce la contrainte par corps en matière pénale? — Quelle est la proportion de la durée de la détention avec le chiffre des condamnations pécuniaires?

201. La contrainte par corps garantit-elle aussi le paiement des dommages-intérêts?

202. En pratique, l'administration est-elle dans l'usage d'exercer la contrainte par corps contre les indigents pour le

recouvrement des frais de justice? — A quel régime sont alors soumis les détenus de cette catégorie? — Le produit du travail est-il attribué tout entier à l'administration ou est-il, sur ce produit, constitué un pécule aux détenus?

203. Les détenus pour dettes, faillis ou autres, ne jouissent-ils pas, au point de vue de la pistole, des visites, des communications avec l'extérieur et de la nourriture, de priviléges spéciaux?

XX. DES CONDAMNÉS POLITIQUES.

204. Quelles sont les diverses espèces de peines établies en matière politique? — Ces peines consistent-elles en emprisonnement, détention et déportation ou peines analogues?

205. Le travail est-il obligatoire ou facultatif pour les détenus politiques. — Quel est le mode de règlement?

Section I. — Emprisonnement.

206. Y a-t-il des prisons spéciales pour les détenus politiques ou subissent-ils leur peine dans les mêmes prisons que les détenus de droit commun?

207. Dans le premier cas sont-ils soumis à un régime particulier et quel est ce régime? Dans le second cas, quelle est l'organisation des maisons spéciales?

208. Les condamnés politiques ne jouissent-ils pas, au point de vue de la pistole, des visites, des communications avec l'extérieur et de la nourriture de priviléges spéciaux?

209. Les condamnés pour délit de droit commun commis par voie de presse sont-ils assimilés aux condamnés ordinaires ou aux condamnés politiques ?

Section II. — Détention.

210. Les condamnés à la détention subissent-ils leur peine dans une forteresse ? — Quels sont alors le régime auquel ils sont soumis et les traitements particuliers dont ils sont l'objet ?

211. Quelles sont les forteresses dans lesquelles ils subissent leur peine de détention ?

212. L'administration, en ce qui touche les détenus, relève-t-elle du département de l'Intérieur ou du département de la Guerre ?

213. Par quelle autorité sont prescrites et exercées les mesures de garde et de surveillance des détenus ?

214. Quelle est la nature ou l'étendue de leurs communications avec le dehors ?

Section III. — *Déportation simple et déportation dans une enceinte fortifiée.*

215. Dans quel lieu les condamnés de cette catégorie subissent-ils leur peine?

216. Les autorités chargées du gouvernement, de l'administration et de la surveillance des lieux de déportation relèvent-elles du ministère de l'Intérieur ou du ministère de la Guerre?

217. Dans quels établissements sont placés les condamnés à la déportation en attendant leur transférement? — A quel régime y sont-ils soumis?

218. Le transport des déportés est-il effectué par les soins de l'administration et sur les navires de l'État ou est-il confié à l'entreprise privée?

219. Comment est organisée, au point de vue de l'habitation, du régime alimentaire et de la surveillance, l'administration des lieux de déportation?

220. A quelles espèces de travaux peuvent être employés les déportés?

221. Peuvent-ils travailler pour le compte
des colons ou ne doivent-ils travailler que
pour l'administration?

222. Le produit de leur travail leur ap-
partient-il en entier ou subit-il certains
prélévements?

223. La législation autorise-t-elle la concession des terres aux déportés? — Dans
quelles conditions peuvent-ils devenir con-
cessionnaires? — Ces concessions sont-elles
tout d'abord définitives ou seulement à
titre provisoire? — Au bout de quel temps
et sous quelles conditions peuvent-elles de
provisoires devenir définitives?

224. Quelles sont les causes qui entraînent pour le déporté, la déchéance de sa
concession?

225. Le déporté peut-il être autorisé à
faire venir sa famille au lieu de déportation? — A quels parents s'étend cette autorisation? — Aux frais de qui s'effectue le
transport des parents ainsi autorisés?

226. Le déporté autorisé à faire venir sa famille ne peut-il pas obtenir une concession de terres plus considérable?

227. Le déporté peut-il être autorisé à contracter mariage au lieu de déportation ?

228. Aux frais de qui et dans quelles conditions s'opère le rapatriement des condamnés qui, à l'expiration de leur peine, désirent rentrer dans leur pays?

229. Quelles sont les mesures prises pour prévenir les évasions?

230. Quelles sont, au point de vue du régime, du travail, de la surveillance et des concessions de terre, les différences qui existent entre les condamnés à la déportation simple et les condamnés à la déportation dans une enceinte fortifiée?

231. Existe-t-il, en même temps que la déportation, ou pour en tenir lieu, quelque système particulier de pénalité, tel que condamnation au travail des mines, rélégation, etc.? — Quelle est, dans ce cas, l'organisation spéciale de ce mode de pénalité?

XXl. DES CONDAMNÉS AUX TRAVAUX FORCÉS ET DES TRANSPORTÉS.

232. Les condamnés aux travaux forcés subissent-ils leur peine dans les bagnes ou dans les lieux de déportation ? — Quels sont ceux qui sont conservés dans les bagnes et ceux qui sont transportés dans les lieux de déportation ?

233. Dans quels lieux sont établis les bagnes ?

234. De quelle autorité relève l'administration des bagnes ? — Quels sont les fonctionnaires chargés de l'administration et de la surveillance des bagnes ?

235. A quelles sortes de travaux sont employés les condamnés ? — Travaillent-ils librement ou sont-ils enchaînés deux à deux ?

236. Quel est, au point de vue de l'habitation, de la nourriture, de la distribution

du temps et de la surveillance, le régime intérieur des bagnes?

237. Quel est l'uniforme des bagnes?

238. Les condamnés peuvent-ils communiquer avec l'extérieur et à quelles conditions?

239. Quelles sont les mesures prescrites pour prévenir ou réprimer les révoltes?

240. Quels sont les lieux désignés pour recevoir les transportés condamnés aux travaux forcés?

241. Quelle différence y a-t-il au point de vue du régime intérieur, du travail, des concessions de terre et de la faculté de faire venir leur famille, entre les transportés et les déportés?

242. Comment sont organisés dans les lieux de déportation et de transportation le service sanitaire et le service religieux?

XXII. DES DÉPENSES.

243. La propriété des prisons appartient-elle à l'Etat ou au département?

244. Comment est-il pourvu aux dépenses des établissements pénitentiaires ? — Les prisons ne peuvent-elles pas subsister par elles-mêmes avec le produit du travail des détenus ? — Dans ce cas, l'excédant des dépenses sur les recettes est-il à la charge de l'Etat ou est-il supporté par le Département ? — Dans ce dernier cas, l'Etat fournit-il d'habitude une subvention ? — Quelle est la proportion de cette subvention ?

245. Quel est le chiffre des dépenses annuelles des établissements pénitentiaires, du traitement du personnel, de l'entretien des bâtiments et des détenus ?

246. Quelle est la dépense journalière pour un détenu ?

247. Quel est le chiffre des recettes annuelles provenant du travail des détenus.

248. Quelle est la moyenne du produit du travail journalier des détenus ?

249. Quelle est la moyenne des dépenses annuelles des frais de transfèrement ?

250. A quelles mesures de surveillance

est soumise la comptabilité des établissements pénitentiaires? — Par quels fonctionnaires est exercée cette surveillance?

251. Quel est, des deux systèmes de régie et de l'entreprise, celui que l'expérience a fait reconnaître pour le moins coûteux?

XXIII. DE L'EXÉCUTION.

252. La peine de mort existe-t-elle encore? — En cas d'affirmative, quel est le mode d'exécution?

253. Par quelle autorité et dans quelle forme est requise l'exécution?

254. L'exécution est-elle publique ou a-t-elle lieu dans l'intérieur des prisons?

255. Quels sont les fonctionnaires qui doivent assister à l'exécution?

256. Par qui et dans quelle forme est rédigé le procès-verbal d'exécution? — Par qui et dans quelle forme sont dressés les actes de décès des condamnés?

257. L'exécuteur des hautes œuvres est-

il un fonctionnaire salarié par l'Etat? — De quelle autorité relève-t-il?

258. Lorsqu'il y a plusieurs condamnés qui doivent être exécutés en même temps, dans quel ordre et suivant quelles formalités est-il procédé à l'exécution ?

259. En quoi consiste ce qu'on appelle la dernière toilette du condamné?

260. Comment et par qui les secours de la religion sont-ils donnés au condamné?

261. Quelles sont les mesures prescrites pour assurer la sécurité du lieu de l'exé-cution ?

TABLE DES MATIÈRES.

Paris. — Impr. F. PICHON, 51, rue des Feuillantines, et 14, rue Cujas.

www.ingramcontent.com/pod-product-compliance
Lightning Source LLC
LaVergne TN
LVHW022332170726
843503LV00006B/2847